EXPÉRIENCE

Faite aux Champs Elisés le 18.7bre 1791 jour de la Proclamation de la Constitution

Dedié à la Municipalité de Paris.

Par l'Auteur [illegible]

PROCÈS-VERBAL

TRÈS-INTÉRESSANT

DU VOYAGE AÉRIEN

Qui a eu lieu aux Champs-Élysées le 18 septembre 1791, jour de la proclamation de la Constitution.

DÉDIÉ A LA MUNICIPALITÉ DE PARIS.

A PARIS,

DE L'IMPRIMERIE DU PATRIOTE FRANÇOIS;

ET SE VEND

Chez
- BAILLY, Libraire, rue Saint-Honoré;
- DESENNE, Libraire, au Palais Royal;
- CHARON, Lib. Passage du Théâtre de la rue Feydeau;
- BELIN, Libraire, rue Saint-Jacques;
- PICHARD, Libraire, rue Dauphine;

Et au Bureau du PATRIOTE FRANÇOIS, Place du Théâtre Italien, rue Favart, N°. 3.

1791.

PROCÈS-VERBAL

TRÈS-INTÉRESSANT

DU VOYAGE AÉRIEN

Qui a eu lieu aux Champs-Élysées le 18 *juillet* 1791, *jour de la proclamation de la Constitution.*

A la gloire de la nation françoise, au nom et sous les auspices de la municipalité de Paris, le deuxième jour du troisième mois de l'an troisième de la liberté, et de l'ère vulgaire, le 18 septembre 1791, jour de la proclamation de la constitution, à cinq heures trois quarts de l'après-midi.

Après avoir éprouvé tous les tourmens d'un homme pressé et jaloux de répondre à l'attente d'un heureux succès, mon ballon de 30 pieds de diamètre, aux trois quarts plein, représentant, sous quatre médaillons couronnés par des génies ; la liberté, l'amour de la patrie, la France et la loi.

Ma gondole, sous la figure d'un coq, de onze pieds de long sur trois de large et trois de haut, emportant avec moi environ deux cents vingt livres de lest, une ancre, une boussole, une foule d'exemplaires de la constitution, un morceau de pain, une bouteille de vin, deux cuisses de volaille, mon énergie d'environ soixante livres, le vent ouest.

Je me suis élevé à l'extrémité des champs-élysées, au milieu de la tempête, à l'admiration de tout Paris assemblé. Debout, découvert, tenant la constitution à la main, j'ai passé en ligne droite sur les champs-élysées, les tuileries, le louvre, la rue et le faubourg Saint-Antoine ; un peuple immense, depuis Chaillot et les lieux que je parcourois, m'accompagnoient de leurs applaudissemens. J'étois à 1500 pieds à-peu-près de haut ; la région étoit froide ; les nuages se précipitoient avec force les uns les autres ; le vent augmentoit de distance en distance. Tout-à-coup j'entends le canon, les cris de joie succèdent ; il se répand autour de moi une sorte de magnétisme ; mes sens sont enivrés ; mon ballon, entouré de nuages, s'élève avec majesté ; ma gondole ressemble à uue gloire, le tableau de la nature ajoute à mon ravissement ; je regarde, et je vois Paris, Boulogne, Versailles, les forêts de Saint-Germain, l'Isle-Adam ; dans les lointains, Saint-Léger et Chantilly ; au-dessous, Vincennes, Bondy ; en avant, Armainvillier ; des deux côtés, les forêts de Crécy, de Senart et de Fontainebleau, les rivières de Seine et Marne, une foule de villages et d'étangs ; tout sembloit soumis à mon empire. Elevé à 4000 pieds à peu près, le vent étoit là nord-ouest, la région chaude, et le soleil, encore caché, ne le fut plus pour moi.

Dégagé des secousses de la tempête, la douceur du calme pénétra mon ame d'admiration ; comme les hommes sont petits, me disois-je ! Que ne sont-ils isolés comme moi dans ce grand vuide ! c'est ici qu'on se fait une idée de la majesté du créateur ; tout se rapporte à lui.

J'allois devenir rêveur ; je jetai plusieurs exemplaires de la constitution, je les vis voltiger ; mon ballon craque, je regarde, il étoit tendu comme un tambour; la dilatation étoit grande et mes appendices fort éloignés de moi. Embarrassé, j'aperçois les dangers d'une explosion ; je me mets en chemise, je monte dans le filet ; je délie avec peine le premier appendice ; je me serts de mes dents pour venir à bout du second, j'y parviens : mais après l'avoir été long-temps suspendu, et avec la plus grande peine. J'étois alors à 10,000 pieds environ ; l'ascension étoit excessive, l'air inflammable sortoit avec éclat ; la région étoit tempérée ; un bruit sourd continuoit ; je distinguois encore quelques bravo.

Devenu plus tranquille à mesure que l'air inflammable cessoit de pétarder, l'ascension moins rapide, je jetai les yeux sur Paris ; les nuages, bien au-dessous de moi, couroient avec la plus grande force ; quelques-uns étoient noirs, mais pas assez épais pour que je ne visse pas la terre ; le lieu d'où j'étois parti étoit d'une couleur blanchâtre ; j'entendis quelques coups de canon. Parfaitement à mon aise, je mangeai un morceau de pain, je pris ma bouteille, je bus à la santé et à la liberté de tous les peuples de l'univers. Arrivé à 12,000 pieds à-peu-près, il étoit six heures, j'acquittai là, au nom de tous les François, le devoir d'un patriote courageux et intrépide ; je lus à haute voix le déclaration de droits de l'homme ; l'éternel reçut mon serment, et je descendis en jetant çà et là des exemplaires de la constitution.

Enfoncé dans les premiers nuages, je me vis sur la Marne, près Lagny ; un vent d'est très-léger me fit rétrograder quelques minutes ; un peu plus bas, je ne vis plus le soleil ; la région étoit froide, les nuages humides, le vent devint sud, l'air inflammable sortoit avec force ; je descendis rapidement.

Des nuages humides je passai aux nuages clairs ; j'étois alors à 2000 pieds environ, entre la Seine et la Marne : j'essuyai une forte pluie qui ne fut pas de longue durée. Descendu à la hauteur de 1200 pieds environ, je me trouvai sur Ville-Neuve-Saint-George ; le vent d'Ouest régnoit dans le bas ; je fermai mes appendices ; je jetai du lest et m'élevai de suite à 2000 pieds ; un tourbillon me saisit et me porta sur le vilage d'Ivry. Je descends, je reprends le vent ouest, je saute la Seine, je cours sur Charenton, Saint-Maur et Champigny. Dans toute la campagne les paysans étoient en mouvement ; ils crioient : descendais. On a tiré des boîtes, on a battu du tambour.

Porté sur Pontault, au milieu des bois,

j'entends le bruit des animaux, sur-tout des poules et des canards. Descendu tout-à-fait bas, pour pouvoir me faire entendre, le vent étoit très-variable ; je parcourus une foule de villages ; par-tout je reçus bon accueil, par-tout je fus désiré. Une bourasque me jette sur les bois d'Armainvillier ; je les appréhende, ainsi que les étangs qu'ils renferment ; je jette beaucoup de lest et remonte en droite ligne. Arrivé à 6,000 pieds environ, j'éprouve de la dilatation ; il étoit six heures et quart : je revois Paris avec plaisir, j'entends de nouveau le canon, je vois un feu brillant au-dessous de moi ; je monte, je revois le soleil ; j'ouvre un appendice, je descends, je quitte le soleil, et je reste à planer sur un château près Crécy ; des personnes qui se promenoient dans les jardins m'ont prié de descendre ; je leur ai répondu qu'il n'étoit pas temps ; j'avois promis à la municipalité de faire au moins dix lieues, et je sentois que, quoique j'en eusse déjà fait plus de trente en l'air, je pourrois bien ne pas être bien éloigné du lieu de mon départ ; je jetai un exemplaire de la constitution, et traversai un très-beau parc.

Porté de là sur divers cantons, je fis courir un peuple immense ; il sembloit que la terre rouloit sous leurs pas. Descendu extrêmement bas sur diverses fermes et très-près des maisons, plusieurs femmes eurent peur et se sauvèrent ; plus loin, d'autres, moins effrayées, crièrent, me demandant qui j'étois, d'où je venois, où j'allois. Je leur répondis, en leur jetant des exemplaires de la constitution, que j'en étois le messager, que je venois de Paris ; hommes, femmes, enfans, tous coururent après moi. J'entends : vous devez avoir froid ; descendez, vous boirez avec nous ; cela vous réchauffera. Les jeunes filles prennent la queue du coq pour des rubans ; elles crient : envoyez-nous donc des rubans à la nation. J'eusse voulu en avoir ma pleine gondole. Je disparus comme un éclair : bon soir, bon soir.

Toujours entouré de bois, je ferme mon appendice, je jette beaucoup de lest, et je remonte en droite ligne à une hauteur prodigieuse. Le soleil étoit couché pour les habitans de la terre que je venois de quitter ; je le revis pour la troisième fois, il étoit six heures et demie : bientôt après je le vis disparoître, la terre ne me parut plus qu'une ombre ; la frayeur me saisit, j'ouvris, pour la première fois ma soupape; je descendis rapidement ; les nuages étoient tout-à-fait noirs ; je distinguai des bois; j'étois sur la forêt de Crécy. Tourmenté par le vent, je remonte un peu , je redescends au même instant sur un petit bois voisin de la forêt ; j'y reçois trois coups de fusil hors de portée. Je m'élève et suis porté par un courant d'air sur la petite ville de Rozay; un peuple nombreux me dit de descendre ; cela n'étoit pas commode ; je jetai le reste des exemplaires de la constitution. Le vent me pousse encore sur les bois ; je suis agité, je crains la nuit, je m'élève, je descends ; je passe sur le village de Breuil ; des filles dansoient, les bergers revenoient des champs ; mon arérostat fait peur aux animaux, bœufs , vaches , moutons , chiens , canards, tout fait un vacarme épouvantable ; les filles qui dansoient se sauvent , crient papa, maman ; tout le village se soulève , et j'avois tout à craindre. .

Disparu rapidement , je me trouve entre des bois et des collines ; je veux parler , ce que je dis est répété jusqu'à trois fois; je crus d'abord qu'on se moquoit de moi ; je reconnus ensuite que c'étoit un écho.

L'instant étoit calme, je cherchois un endroit pour descendre ; j'aperçois trois hommes à cheval, je crie, mes voyageurs se parlent, s'agitent, tournent, retournent, enfin s'arrêtent ; je crie de nouveau, ils sont embarrassés ; enfin ils m'aperçoivent et me disent de descendre ; c'est ce que je faisois en effet. Le vent me sépare d'eux ; une secousse me porte encore sur un petit bois, je l'affrauchis à l'aide de mon lest ; on me tire quatre coups de fusils, j'entends : *le boug... je crois que je l'ai manqué.* Je ne distinguois presque plus les objets sur la terre. Je me détermine, j'ouvre tout-à-fait ma soupape ; j'aperçois à 200 pieds environ, deux moulins neuf, bâtis en pierre ; et quelques maisons. Ma chûte alloit être très-précipitée, je jetai le restant du lest que j'avois, cela me fit faire plusieurs bonds, je repris l'équilibre ; je lançai mon ancre sur un petit arbre, je fis une descente douce, tenant deux cordes de mon pôle supérieur, afin que l'aérostat se fatiguât le moins possible. Il étoit six heures trois quarts ; il faisoit nuit, le temps tout-à-fait couvert, le vent se faisoit sentir par intervales, il pleuvoit légérement.

J'attachai bien vîte la corde de ma soupape à ma gondole, afin de la tenir ouverte ; je dégageai pareillement mes deux appendices ; l'air inflammable sortoit par haut et par bas ; la pluie augmentoit, le vent aussi ; mon aérostat fatiguoit beaucoup. A portée d'avoir du secours, j'appelle ; les gens du moulin et des maisons accourent. Dès qu'ils virent la machine, ils prirent la fuite ; je fis de vaines prières, je fus abandonné.

Mon ballon, à demi-plein, faisoit des bonds inconcevables ; les mains déchirées par les cordes, je désespérois d'y résister long-temps. Une bourasque arrive, l'arbre où tenoit mon ancre est arraché, je suis enlevé à plus de six pieds de haut ; j'allois être victime de mon intrépidité, lorsque, approchant des arbres, je me laissai tomber par terre ; le ballon bondit et s'éleva, malgré le vent, avec une rapidité extraordinaire, sur la forêt de Jouy ; je le vis une demi-seconde, et ce fut tout.

Livré à mon étonnement ; je réfléchis aux dangers que je venois de courir ; déchiré, moulu, sans chapeau, fait comme un diable, j'allai trouver mes hommes du moulin. J'appelle ! ils répugnent de me recevoir ; ils entr'ouvent la porte ; je demande où suis-je ? A Gastin, en Brie, entre Rozoy et Nangis. De quelle distance de Paris ? 15 lieues : ils ferment la porte.

Un de leur voisin moins peureux m'aborde, me conduit chez le maire du lieu ; il sortoit de table ; me fait rafraîchir, m'offre un lit, que j'accepte, et après la visite d'une foule de personnes, j'allai me coucher.

Le lendemain, la municipalité est assemblée, on dresse procés-verbal (ci-après rapporté), qui constate ma descente et l'évènement qui s'en est suivi : le maire m'en remet copie. Je remercie cet honnête citoyen du bon accueil qu'il m'a fait, et prend congé de lui pour aller à Rozoy. Je ne trouvai là ni cheval, ni voiture. Contraint de faire 6 lieues à pied, j'arrivai à Tournain ; une voiture rustique fut la mienne, son élasticité ne ressembloit pas à beaucoup près à celle de ma gondole. Je voyagai ainsi toute la journée, et suis arrivé à Paris, le 19, à 9 heures du soir, sans savoir où mon balon étoit descendu.

Le lendemain de mon arrivée, la municipalité de Paris a reçu le procès-verbal de la municipalité de l'Echelle, près Provins, qui, en donnant nouvelle de mon balon, constate le lieu où il est tombé. B. L. S. C.

Procès - verbal de la Municipalité de la paroisse de Gastin, district de Provins, département de Seine et Marne.

Nous, officiers municipaux de la paroisse de Gastin, district de Provins, département de Seine et Marne, soussignés, certifions que le S. ***, ainsi qu'il s'est dit être, nous a certifié être parti dimanche des Champ-Elysées, à six heures du soir, hier, dans un superbe aérostat, sur lequel étoient peints les emblêmes de la constitution, et dont le char étoit un coq; lequel après avoir descendu dans différentes municipalités, s'est arrêté dans ladite municipalité de Gsatin, près d'un moulin, distante de Rozoy, à deux lieues, et à quatorze lieues de Paris, à six heures trois quarts dudit jour soir. Comme au moment de sa descente, il s'est fait sentir une bourasque de pluie et de vent, et la crainte d'être poussé sur de petits bois qui entourent ledit canton l'a obligé de descendre à terre, et la bourasque étant si violente, malgré toute sa résistante, et quoiqu'il eût accroché son ancre à un petit arbre, l'aérostat étant arraché, ledit arbre s'est enlevé sans savoir ce qu'il est devenu. Plusieurs personnes qui se sont trouvées ayant été intimidées, et qui pouvoient venir à son secours, ont pris la fuite, par la crainte dudit aérostat dont ils n'avoient aucune connoissance; et d'ailleurs qu'il faisoit grand vent et qu'il pleuvoit assez fortement; en foi de quoi nous avons signés avec les témoins soussignés, cejourd'hui dix-neuf dudit mois, huit heures du matin, dans la maison du sieur Vignot, maire, qui a bien voulu lui donner l'hospitalité.

VIGNOT, maire; MOREAU, officier; DESAUNOIS, commandant de la garde nationale dudit Gastin; COUILLET, procureur de la commune; MEUSNIER, bourgeois de Paris; F. GINOT; SOUFLARD, curé constitutionnel de ladite paroisse; S. DESMARAIST, officier.

Procès-verbal de la Municipalité de la paroisse de l'Echelle.

Aujourd'hui dix-neuf septembre mil sept cent quatre-vingt-onze, devant nous Louis Lamotte, maire de la municipalité de l'Echelle, M. Claude Michel, procureur-syndic de ladite paroisse; lequel nous a remontré qu'il vient d'être instruit qu'un aérostat étoit tombé sur une pièce de terre dépendante de la ferme du sieur Antoine Rondeau, fermier, et qu'il étoit intéressant de constater cette chûte et ses circonstances, et qu'à ces considérations il requiert que nous nous transportions, soit au lieu de sa chûte, soit à tout autre endroit où il auroit pu être déposé, MM. les officiers municipaux de cette paroisse, et en obtempérant au réquisitoire de M. le procureur-syndic, nous maire susdit, assisté de M. Jacques Prin, officier municipal, nous sommes transportés au domicile de M. Antoine Rondeau, l'un des notables de cette paroisse, où l'on nous a déclaré être déposé l'aérostat, et étant arrivés, nous avons reconnu ledit sieur Rondeau avoit fait placer dans sa cour cet aérostat, qu'il nous a déclaré avoir entendu passer au-dessus de sa maison, hier, sur les 8 heures du soir, produisant un bruit énorme; que ce matin, vers les trois heures, un des batteurs dudit sieur Rondeau, qui l'avoit entendu passer, eut la curiosité d'aller voir ce que c'étoit; qu'il emporte son fusil, et qu'à la faveur de la lueur de la lune il apperçut sur une pièce dépendante de la ferme du sieur Rondeau, une machine énorme qu'il ne put reconnoître et qui l'effraya. Que cet homme vint chercher du monde pour l'aider à découvrir ce que ce pouvoit être. Que le sieur Rondeau et tout son monde se transportèrent sur le lieu de la chûte, et qu'afin d'éviter le dégât de cette machine, on la fit charger sur une des charrettes dudit sieur Rondeau, et conduire dans la cour de sa ferme, où nous avons effectivement reconnu un aérostat crèvé en plusieurs endroits, qui nous a paru avoir été enlevé par le procédé du gaz méphitique dont il étoit encore imbu. Nous avons en outre reconnu que cet aérostat étoit suspendu, une nacelle ayant la forme extérieur d'un coq et contenant deux siéges dans l'intérieur. Le sieur Rondeau nous a déclaré qu'il avoit été trouvé dans la nacelle un chapeau en forme ronde, qu'il nous a représenté deux cuisses de dindon et du pain, et en outre deux exemplaires de la Constitution françoise, non encore coupés, sur l'un desquels paroît avoir été répandu du vin. Desquelles circonstances nous avons dressé le présent procès-verbal, pour extrait d'icelui être délivré, tant au district de Provins qu'à la municipalité de

Paris, si l'aérostat est celui qui a été annoncé dans les papiers publics.

Et en cet endroit, M. le procureur-syndic nous a requis que cette machine aérostatique, avec toutes ses dépendances, restassent déposées chez le sieur Rondeau, qui en a protégé par ses soins et sa vigilence la conservation, jusqu'à ce qu'une autorité supérieure en ordonnât autrement; ce que nous avons reconnu juste; et en conséquence nous l'avons confié à la garde et aux soins dudit sieur Rondeau, pour le représenter quand il en sera requis.

Fait et arrêté le présent procès verbal, par nous Maire susdit, en présence de M. Prix, officier municipal, Michel, procureur-syndic, M. Pierre-Augustin Gourié, curé de cette paroisse, et du sieur Rondeau, dans la maison duquel nous l'avons rédigé, en l'assistance du sieur François Delafosse, homme de loi, demeurant au château du Houssay, lequel nous a servi de greffier en l'absence du greffier de cette municipalité, et à l'heure de midi, en présence des personnes ci-dessus désignées qui ont signé avec nous. Ainsi signé sur la minute, Lamotte; Prix; Michel, procureur-syndic,

RONDEAU ; GOURIÉ, curé de l'Echelle, et DELAFOSSE, commis-greffier.

Collationné conforme à la minute, par nous greffier de la municipalité de l'Echelle, soussigné et délivré à M. le procureur-syndic du district de Provins, ce jourd'hui 19 septembre mil sept cent quatre-vingt-onze.

Pour copie conforme *signé* MERIN.

P. S. Je m'empresse de remercier toutes les personnes qui ont bien voulu m'être utile, le jour de mon expérience. Je dois pareillement aux dames des témoignages de reconnoissance et de sensibilité, pour l'intérêt qu'elles ont pris à mon départ.

Mon balon, très-avarié, va être raccommodé ; je le ferai voir aux personnes qui le desirent ; et au printemps prochain, je ferai par souscription une nouvelle expérience, je serai moins pressé, et je partirai avec un compagnon de voyage, que je n'ai pu prendre avec moi.

MUNICIPALITÉ DE PARIS.

EXTRAIT du registre des délibérations du corps municipal, du 26 septembre 1791.

SUR la demande qui lui en a été faite au commencement de la séance, le corps municipal a arrêté que M. L. de Sainte-Croix, qui a fait, avec le plus grand succès, un voyage aérien dans le ballon qui s'est enlevé des Champs-Élysées, le dimanche 18, seroit entendu.

Conformément à cet arrêté, Monsieur de Sainte-Croix a été introduit. Il a fait hommage à la municipalité d'un nombre d'exemplaires, contenant la relation de son voyage, et de l'esquisse au crayon de son ballon.

M. le vice-président a fait de justes remercîmens, au nom du conseil, qui a applaudi, aux talens et aux succès du voyageur.

M. de Sainte-Croix s'étant retiré, le corps municipal a arrêté, sur la proposition de MM. Cousin et Champion, que l'esquisse du ballon, et un exemplaire de la relation du voyage, seroient déposés au secrétariat; que M. le maire remettroit à M. de Sainte-Croix, au nom de la municipalité, et à titre d'encouragement, une médaille de bronze, frappée à l'occasion de l'établissement de la mairie.

Signé ANDELLE, *Vice-Président;*

DEJOLY, *Secrétaire-Greffier.*

Pour extrait conforme à l'original, DEJOLY, Secrétaire-Greffier.

De l'Imprimerie du PATRIOTE FRANÇOIS, place du Théâtre Italien, 1791.

www.ingramcontent.com/pod-product-compliance
Lightning Source LLC
LaVergne TN
LVHW020458230826
846091LV00008BA/3271

* 9 7 8 2 0 1 3 6 7 3 4 6 4 *